REGLEMENT

POUR

LA LIBRAIRIE

ET

IMPRIMERIE

DE PARIS,

Arrêté au Conseil d'État du Roy,
Sa Majesté y étant, le 28. Février
1723.

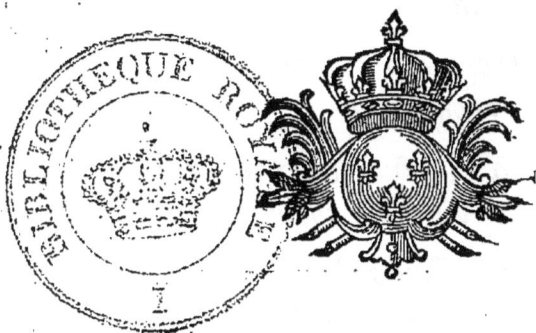

A PARIS,

DE L'IMPRIMERIE ROYALE.

M. DCCXLIV.

TABLE
DES TITRES.

TABLE DES TITRES.

Fin de la Table.

REGLEMENT

POUR

LA LIBRAIRIE

ET

IMPRIMERIE

DE PARIS,

Arrêté au Conseil d'état du Roy,
Sa Majesté y étant, le 28.
Février 1723.

EXTRAIT DES REGISTRES
du Conseil d'Etat.

LE ROY s'étant fait repréſenter en ſon Conſeil, ſa déclaration du 10. décembre 1720. contenant règlement pour la Librairie & Imprimerie de Paris; Sa Majeſté étant

A

informée qu'encore que ce règlement eût été compofé avec grand foin, cependant lorfqu'il fut porté en fon Parlement, avec les lettres de cachet ordinaires, pour y être enregiftré, il s'y trouva matière à plufieurs obfervations qui ont paru judicieufes & mériter qu'il fût apporté quelques changemens à un grand nombre d'articles : Que d'ailleurs quelques nouveaux abus qui fe font introduits parmi ceux qui exercent l'art de la librairie & imprimerie, ayant exigé qu'on y inférât quelques nouveaux articles; pour y remédier & prévenir ceux qui pourroient s'introduire à l'avenir, Sa Majefté auroit jugé à propos de faire retirer fadite déclaration, & de faire travailler à la réformation dudit règlement, lequel ayant été de nouveau rapporté & approuvé en fon Confeil, il ne refte plus qu'à le revêtir de fon autorité pour lui donner une pleine exécution; à quoi voulant pourvoir. Ouï le rapport, SA MAJESTÉ ÉTANT EN SON CONSEIL, a ordonné & ordonne ce qui enfuit.

TITRE PREMIER.

*Des franchifes, exemptions & immu-
nités des Imprimeurs & des Libraires de Paris.*

ARTICLE PREMIER.

LES Libraires & les Imprimeurs
feront cenfez & réputez du corps
& des fuppôts de l'Univerfité de Paris,
diftinguez & féparez des arts mécha-
niques, maintenus, gardez & confir-
mez en la jouiffance de tous les droits,
franchifes, immunités, prérogatives
& privilèges attribuez à ladite Univerfité & auxdits libraires & imprimeurs; & en cette qualité fera & de-
meurera la communauté des imprimeurs & libraires, franche, quitte
& exempte de toutes contributions,
prêts, taxes, levées, fubfides & impofitions mifes & à mettre, impofées
& à impofer fur les arts & métiers,
defquels Sa Majefté l'a entièrement
exceptée, diftinguée & féparée; même

A ij

fous prétexte de confirmation defdits droits, privilèges, prérogatives, dont Sa Majefté veut qu'elle jouiffe franchement, paifiblement & fans aucun trouble.

I I.

LES livres, tant manufcrits qu'imprimez ou gravez, reliez ou non reliez, vieux ou neufs, eftampes, cartes géographiques, foit qu'ils viennent des pays étrangers & des villes & provinces du royaume, foit qu'ils foient tranfportez hors du royaume, feront & demeureront exempts comme ils l'ont toûjours été, & conformément aux édits & déclarations des Rois prédéceffeurs de Sa Majefté, de tous droits de douane, péage, pont, chauffée, domaine, traitte, impofition foraine, acquit, fubfide, rêve, prêt, octroi, paffage, haut-paffage, rivières, détroit, entrée, fortie, barrage, travers, doubles droits, garde-nuit, boute-à-port, & autres taxes & impofitions que ce foit, mifes & à mettre, fous quelque titre que ce foit, encore qu'elles ne foient ici précifément exprimées & déclarées. Fait Sa Majesté défenses aux fermiers généraux, fermiers des provinces & villes du royaume, sous-fermiers, traitans, commis, receveurs, députés, gardes, & tous autres employés pour la régie & perception des droits dans toutes les douanes, romaines & autres bureaux des provinces, villes & autres lieux de son obéissance, de lever aucuns deniers sur les marchandises de librairie; & leur enjoint de les laisser aller & venir, entrer & sortir franchement & quittement, sans pouvoir les arrêter pour payer aucune chose, à peine du quadruple, & de plus grande amende s'il y échet: les fontes, lettres & caractères d'imprimerie, vieux ou neufs, & l'encre servant à imprimer, venant des pays étrangers & des villes & provinces du royaume, jouiront aussi de la même exemption.

III.

ET afin que les marchandises de la qualité ci-dessus exprimée, jouissent desdites exemptions, veut Sa Majesté que sur chaque balle, ballot,

tonne, tonneau, caiffe, coffre, malle,
banne ou paquet, il y ait une déclaration portant que ce font des livres,
fontes, caractères, lettres ou encre
fervant à l'imprimerie, en ces termes:
*livres, caractères d'imprimerie, encre
d'imprimerie.*

TITRE II.

*Des Imprimeurs & Libraires en
général.*

I V.

DÉFENSES font faites à toutes
perfonnes de quelque qualité
& condition qu'elles foient, autres
que les libraires & imprimeurs, de
faire le commerce de livres, en vendre & débiter aucuns, les faire afficher pour les vendre en leur nom,
foit qu'ils s'en difent les auteurs ou
autrement; tenir boutique ou maga-
fin de livres, acheter pour revendre
en gros & en détail, en chambre &
autres lieux, même fous prétexte de

les vendre à l'encan, aucuns livres
en blanc ou reliez, gros ou petits,
neufs ou frippez, même de vieux papiers qu'on appelle à la rame, & vieux
parchemins ; à peine de cinq cens
livres d'amende, de confifcation &
de punition exemplaire. Défend auffi
Sa Majefté aux imprimeurs & aux
afficheurs, d'imprimer & de pofer
aucunes affiches portant indication
de la vente des livres, ailleurs que
chez les libraires & les imprimeurs,
fous pareilles peines ; comme auffi
aux auteurs & à toutes perfonnes, autres que lefdits imprimeurs, d'avoir
& tenir en quelque lieu que ce foit,
& fous quelque titre & prétexte que
ce puiffe être, aucunes preffes, caractères & uftenfiles d'imprimerie, à
peine de punition exemplaire, de
confifcation des preffes & caractères,
& de trois mille livres d'amende.

V.

ET d'autant que certains porteurs
de balles, & foi-difant merciers, fous
prétexte de vendre des Heures & des
petits livres, ont fouvent apporté,

vendu & débité des libelles diffamatoires, mémoires contre l'Etat & la
Religion, & des livres défendus ou
contrefaits, au préjudice des privilèges par Nous accordez, défenses font
faites auxdits porteurs de balles &
prétendus merciers, ou autres qui ne
font reçus libraires, d'avoir, vendre
ni débiter aucuns livres imprimés, de
quelque nature & qualité qu'ils puiffent être, à peine de punition corporelle & de confifcation defdits livres
& marchandifes qui y feront jointes.
N'entend néanmoins Sa Majefté,
empêcher les marchands merciers-
groffiers de la ville de Paris, de vendre des A B C, almanachs & petits
livres d'heures & prières imprimez
dehors ladite ville, fans qu'ils puiffent
vendre aucuns autres livres; & en cas
de contravention, permet Sa Majefté
aux fyndic & adjoints de les faire
faifir, en conféquence d'une permiffion du Lieutenant général de
police.

V I.

PERMET Sa Majefté aux femmes

& veuves des relieurs, & à celles des
compagnons imprimeurs, libraires &
relieurs, d'acheter & revendre les
papiers à la rame & les vieux parchemins à l'usage des imprimeurs, libraires & relieurs, après toutefois
qu'elles en auront obtenu la permission par écrit des syndic & adjoints;
desquelles permissions, ensemble des
noms & demeures desdites femmes,
il sera fait mention sur le livre de la
communauté, à peine contre les
contrevenans, de confiscation & d'a-
mende arbitraire : & seront en outre
lesdites femmes & veuves, obligées
de tenir un livre de leurs achats, &
d'observer le contenu en l'article
suivant.

V I I.

DÉFENSES sont faites à tous libraires, d'acheter aucuns livres des
enfans ou serviteurs des autres libraires, des enfans de famille, des
écoliers, des serviteurs, domestiques,
& de toutes personnes inconnues,
s'ils ne sont certifiez par d'autres personnes domiciliées & capables d'en

répondre; ce qui fera pareillement obfervé à l'égard des vieux papiers & parchemins, même de ceux qui font apportez de province pour être vendus à Paris.

V I I I.

CEUX qui auront fait achat defdits livres, papiers & parchemins, feront mention de leurs nom & qualité, fur leur regiftre, comme auffi de la qualité, nom & demeure des particuliers qui les auront vendus. Enjoint Sa Majefté auxdits libraires & à tous autres, de retenir les livres qui leur feront préfentez par perfonnes inconnues & fufpectes, & de les remettre dans les vingt-quatre heures entre les mains des fyndic & adjoints, qui feront tenus d'en avertir le Lieutenant général de police; le tout à peine contre les libraires, d'être civilement refponfables des livres volez ou détournez, qui fe trouveront chez eux, d'amende arbitraire, & d'interdiction pendant trois mois pour la première fois, & même de punition corporelle en cas de récidive; & contre les perfonnes autres que lefdits libraires, de punition corporelle dès la première fois.

I X.

Tous les imprimeurs & libraires feront imprimer les livres en beaux caractères, fur de bon papier, & bien corrects, avec le nom & la demeure du libraire qui aura fait faire l'impreffion pour fon compte & à fes dépens. Et à l'égard des livres & autres écrits de la qualité de ceux dont le Lieutenant général de police peut permettre l'impreffion, enfemble des factums, requêtes, mémoires, arrêts, jugemens, placards, &c. feront tenus lefdits libraires & imprimeurs, de mettre leurs nom & demeure, au commencement ou à la fin defdits livres, écrits & mémoires, &c. le tout à peine de confifcation, d'amende, & de plus grande peine s'il y échet. Sera tenu l'imprimeur qui aura fait une impreffion pour le compte du libraire, de mettre fon nom feulement à la fin du livre, outre le nom & la demeure du libraire qui fera au

commencement, à peine de confiſcation & d'amende.

X.

DÉFENSES ſont faites à tous imprimeurs & à tous libraires, de ſup-
poſer aucun autre nom d'imprimeur
ou de libraire, & de le mettre au lieu
du leur en aucun livre ; comme auſſi
d'y appoſer la marque d'aucun autre
imprimeur ou libraire, à peine d'être
punis comme fauſſaires, de trois mille
livres d'amende, & de confiſcation
des exemplaires.

X I.

LES libraires & imprimeurs, ou
leurs veuves, ne prêteront leur nom
à qui que ce ſoit, pour tenir imprimerie ou boutique de librairie, vendre ou négocier des livres, à peine
de confiſcation des imprimeries & des
livres au profit de la communauté,
& de cinq cens livres d'amende, &
de pareille ſomme contre ceux qui ſe
feront ſervi du nom des imprimeurs
ou libraires.

X I I.

LES libraires qui auront impri-

mèrie & boutique, ou magaſin ouvert de librairie, les tiendront dans les
quartiers de l'Univerſité, en même
lieu & non ſéparément, s'ils n'en
ont obtenu de Sa Majeſté, une permiſſion particulière, qui ne ſera ac-
cordée qu'en cas d'une néceſſité ab-
ſolue; & à l'égard des libraires qui
n'auront imprimerie, ils pourront
tenir leur boutique dans le quartier
de l'Univerſité ou au dedans du Palais, & non ailleurs, à l'exception
néanmoins de ceux qui voudront ſe
reſtreindre à ne vendre que des heures & des petits livres de prières,
des édits, déclarations & arrêts ſeulement, auquel cas ils pourront encore
demeurer aux environs du Palais,
dans la rue & parvis Nôtre-Dame,
pont au change & quai de Geſvre,
à peine de confiſcation des autres livres dont ils ſe trouveront ſaiſis, &
d'amende arbitraire. Et afin que ſous
le mot d'Univerſité, quelques libraires & imprimeurs n'affectent pas d'aller demeurer dans les lieux les plus
écartez de l'étendue du quartier de

l'Univerſité ; veut Sa Majeſté qu'ils
ſoient tenus d'établir leur demeure
depuis l'extrémité & y compris le
pont ſaint Michel, & depuis la rue
de la huchette & rue de la bucherie,
juſqu'à la rue du fouarre, rue galande,
place maubert, rue du meurier, rue
ſaint Victor, quai de la tournelle,
depuis la rue des Bernardins juſqu'à
la porte ſaint Bernard, montagne
ſainte Géneviève juſqu'à la rue bor-
det ; rue des prêtres ſaint Etienne du
mont, carré de S. Etienne, rue S.
Etienne des grès, rue S. Jacques juſqu'aux Jacobins ; rue des cordiers,
place de ſorbonne, rue de la harpe,
rue des Cordeliers, rue de la boucle-
rie, carrefour du pont S. Michel, rue
S. André des arts, quai des Auguſtins
juſques & compris la rue dauphine,
quai malaquais juſques & compris les
pavillons dépendans du collége Ma-
zarin ; & au dedans de toutes les rues
qui ſont enfermées dans l'enceinte
de celles ci - deſſus déſignées, à l'exception toutefois des colléges &
communautez, tant régulières que

féculières, lieux prétendus privilégiés & renfermez, efquels Sa Majefté défend auxdits imprimeurs & auxdits libraires, de tenir leur imprimerie & boutique, & d'y faire leur demeure, à peine de confifcation des livres, preffes, caractères & uftenfiles fervant à l'imprimerie, de privation de la maîtrife, & de punition corporelle en cas de récidive.

XIII.

PERMET Sa Majefté néanmoins à tous libraires, d'avoir des magafins de librairie non ouverts, dans les collèges, maifons religieufes & autres lieux hors de leur demeure, pourvû qu'ils foient dans les limites des lieux fpécifiés en l'article précédent; à la charge par eux d'en faire la déclaration expreffe aux fyndic & adjoints, dont fera fait mention fur un regiftré particulier de la communauté, à peine de confifcation des livres qui fe trouveront dans les lieux non déclarés, & de quinze cens livres d'amende; & auffi à la charge de la vifite que Sa Majefté permet auxdits fyndic

& adjoints, de faire esdits magasins, en avertissant les Principaux & autres supérieurs desdits lieux, auxquels Sa Majesté enjoint de prêter le secours de leur ministère, à peine de désobéissance.

X I V.

TOUS les libraires exerçant l'imprimerie, seront obligez de mettre un écriteau ou tableau, portant qu'ils tiennent imprimerie; & ne le pourront mettre ailleurs que dans le lieu où sera actuellement leur imprimerie, à peine de trois cens livres, applicables au profit de la communauté.

X V.

NE pourront les libraires avoir plus d'une boutique ou d'un magasin ouvert, pour la vente de leurs livres, laquelle ne sera faite en aucuns autres lieux. Veut Sa Majesté qu'au devant de leur boutique ou magasin ouvert, ils soient tenus de mettre un écriteau ou tableau, portant le nom du libraire ou de l'imprimeur, ou autre indication qui désigne qu'il s'y vend des livres. Fait pareille-

ment défenfes auxdits imprimeurs &
libraires, d'avoir aucun étalage &
boutique portatifs, fur les ponts,
quais, parapets, & dans les maifons
privilégiées, ou en quelqu'endroit
que ce puiffe être, à peine de confifcation, d'amende arbitraire, & de
punition exemplaire fi le cas y échet.

X V I.

ENJOINT auxdits libraires &
imprimeurs, de tenir leurs boutiques, magafins & imprimeries fer-
mées les dimanches & jours de fêtes
commandées par l'églife, à peine
d'amende.

TITRE III.

Des Soufcriptions.

X V I I.

VEUT Sa Majefté qu'il ne puiffe
être propofé au public aucun
ouvrage par foufcription, que par
un libraire ou imprimeur, qui fera
garant des foufcriptions envers le

public en fon propre & privé nom ; &
les deniers qui feront reçus pour les
foufcriptions, ne pourront être remis en d'autres mains qu'en celles des
libraires ou imprimeurs au nom defquels fe feront les foufcriptions, &
ils en demeureront refponfables envers les foufcrivans.

XVIII.

ORDONNE qu'avant de propofer
aucun ouvrage par foufcription, le
libraire ou imprimeur qui fe charge
de l'entreprife, fera tenu de préfen-
ter à l'examen, au moins la moitié
de l'ouvrage, & d'obtenir la permiffion d'imprimer par lettres fcellées
du grand fceau.

XIX.

VEUT que le libraire ou imprimeur ne puiffe propofer aucune foufcription, qu'après en avoir préalablement obtenu l'agrément de Mon-
fieur le Garde des Sceaux ; & qu'il
diftribue avec le profpectus qu'il pu-
bliera, au moins une feuille d'impreffion de l'ouvrage qu'il propofera par
foufcription, laquelle feuille fera

imprimée des mêmes formes, caractères & papier qu'il s'engagera d'employer dans l'exécution de l'ouvrage, qu'il fera tenu de livrer dans le tems porté par la foufcription.

TITRE IV.

Des apprentifs imprimeurs & libraires.

X X.

AUCUN ne pourra être admis à faire apprentiffage pour parvenir à la maîtrife de librairie & d'imprimerie, s'il n'eft congru en langue latine, & s'il ne fçait lire le grec, dont il fera tenu de rapporter le certificat du Recteur de l'univerfité, à qui l'afpirant fera préfenté par le fyndic ou l'un de fes adjoints; & de ladite préfentation, mention fera faite dans ledit certificat.

X X I.

LE tems de l'apprentiffage fera au moins de quatre années entières & confécutives ; & le brevet en fera

paſſé pardevant notaires en la chambre de la communauté, en préſence
& du conſentement des ſyndic & adjoints, après qu'il leur ſera apparu du
certificat du Recteur de l'univerſité,
comme ledit apprentif eſt congru en
langue latine, & ſçait lire le grec, &
qu'il a été préſenté au Recteur par
l'un deſdits ſyndic & adjoints ; & ſera
tenu ledit apprentif de remettre ès
mains du ſyndic, pour les affaires de
la communauté, la ſomme de trente
livres, lors de la paſſation du brevet,
qui ſera tranſcrit ſur le livre de la
communauté, à la diligence du maître
auquel l'apprentif ſera obligé, & ce
dans un mois pour tout délai, à peine
de nullité du brevet, & des dommages & intérêts de l'apprentif contre le maître.

X X I I.

IL ne ſera permis aux imprimeurs
& libraires de faire, pour quelque
cauſe que ce ſoit, aucune remiſe ni
compoſition du tems de quatre années, porté par le brevet d'apprentiſſage, à peine de mille livres d'a-

mende contre le maître, & contre l'apprentif de servir le double du tems qui lui aura été remis.

XXIII.

LES libraires & les imprimeurs n'auront qu'un apprentif à la fois, & n'en pourront prendre un nouveau, si le tems du premier n'est expiré, ou du moins avant la dernière année de l'apprentissage commencée. Ceux qui n'exerceront point actuellement l'imprimerie ou la librairie, ne pourront avoir aucun apprentif.

XXIV.

DÉFEND Sa Majesté auxdits imprimeurs & libraires, de prendre & garder aucuns apprentifs qui soient mariez, à peine de nullité des brevets.

XXV.

L'APPRENTIF s'absentant de la maison de son maître, sera tenu de faire le double du tems de son absence, pour la première fois ; & pour la seconde il sera déchu de son apprentissage, sans qu'il puisse y être reçu à l'avenir ; à cet effet, les maîtres

feront tenus d'avertir les fyndic
& adjoints du jour de l'abfence de
leurs apprentifs , pour en être fait
mention fur le livre de la communauté & fur le brevet d'apprentiffage,
à peine de deux cens livres au profit
de la communauté.

X X V I.

L'APPRENTIF, après le tems de
fon brevet d'apprentiffage achevé ,
retirera quittance de fon maître au
bas dudit brevet, pour preuve qu'il
aura fervi le tems y contenu ; & ladite
quittance ne pourra être donnée
qu'en la chambre de la communauté,
& en préfence des fyndic & adjoints,
qui en feront mention fur le livre de
la communauté & fur ledit brevet.

X X V I I.

Les fils des libraires & des imprimeurs ne feront tenus de faire aucun
apprentiffage ; mais ils ne pourront
être reçus maîtres , s'ils n'ont les qualités requifes en ceux qui doivent
être admis à la maîtrife.

TITRE V.

Des compagnons imprimeurs, & des compagnons libraires.

XXVIII.

LES apprentifs feront tenus, après leur apprentiffage achevé, de fervir les maîtres en qualité de compagnons durant trois années.

XXIX.

IL fera permis aux imprimeurs & à leurs veuves, de recevoir en leur imprimerie tels compagnons & ouvriers que bon leur femblera, quand même ils n'auroient pas de brevet d'apprentiffage ; feront néanmoins les compagnons qui auront fait apprentiffage à Paris, préférez aux compagnons étrangers ; comme auffi aux ouvriers de Paris, lorfqu'ils voudront fe contenter du même falaire, & qu'ils auront d'ailleurs la docilité, l'expérience & la capacité requifes.

XXX.

POURRONT auſſi leſdits imprimeurs prendre tels ſujets qu'ils voudront pour devenir ouvriers & travailler dans les imprimeries, pourvû
qu'ils ſçachent lire & écrire; en faiſant par leſdits imprimeurs, aux ſyndic & adjoints leur déclaration, qui
ſera inſcrite ſur un regiſtre particulier, & ſervira auxdits ouvriers pour
leur donner préférence au commencement de chaque labeur, ſur ceux
des provinces du royaume ou pays
étrangers, aux conditions portées dans
l'article précédent; & ils ne pourront
jouir de ladite préférence, s'ils n'ont
ſervi au moins pendant deux années
leurs maîtres, & n'en rapportent un
certificat, qui ſera regiſtré par le ſyndic en payant par leſdits ouvriers la
ſomme de dix livres pour les affaires
de la communauté; ſans néanmoins
que par leſdites déclarations & inſ-
criptions ils puiſſent ſous aucun prétexte, acquérir le droit de parvenir
à la maîtriſe d'imprimeur ou de libraire, s'ils ne rapportent un brevet
d'apprentiſſage,

d'apprentiſſage, ſuivant qu'il eſt porté
par les précédens articles. Défend Sa
Majeſté aux compagnons de Paris &
autres, d'empêcher, troubler, ni mo-
leſter leſdits ouvriers, ſous quelque
prétexte que ce ſoit, à peine de punition exemplaire.

X X X I.

LES imprimeurs & les veuves d'imprimeurs ne pourront faire travailler
chez eux aucun compagnon ou ouvrier qui ait travaillé dans une autre
imprimerie de Paris, qu'ils n'ayent ſçu
du dernier maître ou veuve de maître
d'où ledit compagnon ou ouvrier ſera
ſorti, ſi ledit compagnon ou ouvrier
eſt libre & en état de travailler où bon
lui ſemblera, à peine contre les contrevenans pour la première fois, de
trois cens livres d'amende, & de trois
livres par jour au profit du maître ou
maîtreſſe que le compagnon ou ouvrier aura quitté ſans congé, à comp-
ter du jour qu'ils auront commencé
de s'en ſervir ; & en cas de récidive,
d'interdiction pendant un an, & pour
la troiſième fois d'interdiction pour

B

toûjours ; lefquelles peines ne pourront être réputées comminatoires , ni
modérées fous quelque prétexte que
ce foit. Et pour prévenir de pareils
abus , les maîtres imprimeurs & les
veuves feront tenus de déclarer de
femaine en femaine à la chambre fyndicale , les compagnons ou ouvriers
qui manqueront dans leur imprimerie , ou ceux qu'ils y auront agréez
pendant le cours de la femaine , afin
qu'aucun maître ou veuve ne puiffe
prétexter qu'ils ignorent d'où peu-
vent fortir lefdits compagnons ou ouvriers qui fe préfenteront dans leur
imprimerie pour y travailler , le tout
fous les peines que deffus : Et fera le
préfent article exécuté pareillement
à l'égard de ceux qui tiennent des
fonderies de caractères d'imprimerie,
& de leurs compagnons & ouvriers.

XXXII.

LES imprimeurs feront tenus de
faire continuer les ouvrages commencez , fans les pouvoir interrompre , fi
ce n'eft pour caufe raifonnable , auquel cas ils feront tenus de donner

aux compagnons ou ouvriers, quelqu'autre ouvrage de pareille qualité,
en attendant que le premier puisse
être repris & continué ; & si la dis-
continuation dure plus d'un mois, il
sera permis auxdits compagnons ou
ouvriers, huit jours après en avoir
averti le maître, de se retirer, &
d'entreprendre d'autres ouvrages
chez un autre maître, sans qu'ils puissent être contraints de retourner
chez le premier, qui sera tenu audit
cas de leur donner un congé par écrit.

XXXIII.

LES Imprimeurs pourront congédier leurs compagnons & ouvriers,
en les avertissant huit jours auparavant, même avant ledit terme pour
des causes justes & raisonnables ; hors
que lesdits compagnons & ouvriers
ne travaillent en conscience chez lesdits imprimeurs, & à l'égard desquels il sera ci-après pourvû.

XXXIV.

NE pourront les compagnons &
ouvriers, à peine de cinquante livres
d'amende, laisser sans le consente-

B ij

ment du maître qui les aura employez, les ouvrages par eux commencez, ou sur lesquels ils auront travaillé, soit que lesdits ouvrages ayent un ou plusieurs volumes, lorsque l'impression en est faite sans une interruption qui dure plus d'un mois; & seront lesdits compagnons & ouvriers tenus, lorsqu'ils finiront leurs labeurs, d'avertir leurs maîtres huit jours auparavant que de les quitter, à peine de vingt livres au profit du maître.

XXXV.

SERA loisible au maître qui voudra accélérer l'ouvrage commencé, d'en donner partie à d'autres ouvriers & compagnons, sans qu'il soit permis à ceux qui l'auront commencé de le quitter sous quelque prétexte que ce soit, à peine de cinquante livres d'amende, & de tous dépens, dommages & interêts envers le maître.

XXXVI.

SI l'un desdits ouvriers & compagnons laisse son labeur, pour quelqu'occafion ou prétexte que ce puiffe être, le maître ne pouvant le faire revenir, aura la liberté de fubftituer en fon lieu & place tel ouvrier & compagnon que bon lui femblera, fans que ceux qui travaillent fur le même ouvrage puiffent le difcontinuer, fous pareilles peines que deffus.

XXXVII.

LES directeurs des imprimeries, compagnons & ouvriers qui travailleront chez les Imprimeurs à la femaine ou à la journée, & qu'on appelle vulgairement travaillans en confcience, ne pourront quitter leur maître, qu'en les avertiffant deux mois auparavant ; & s'ils avoient commencé quelque labeur, ils feront tenus de le finir, fous les peines portées par l'art. XXXIV. & les maîtres ne pourront congédier lefdits ouvriers, qu'en les avertiffant un mois auparavant, fi ce n'eft pour caufe jufte & raifonnable.

XXXVIII.

ENJOINT Sa Majefté à tous compagnons & ouvriers travaillans chez

les imprimeurs, de garder & conſer-
ver les copies, tant manuſcrites qu'im-
primées, ſur leſquelles ils auront travaillé, pour être par eux rendues à
leur maître, & remiſes par leſdits
maîtres aux libraires, ou à ceux qui
auront fait faire les impreſſions, ſans
que pour raiſon de ce leſdits compagnons & ouvriers puiſſent prétendre
aucun payement ou récompenſe.

XXXIX.

Les imprimeurs & leurs compagnons & ouvriers ne pourront retenir plus de quatre copies ou exemplaires de tous les livres qu'ils imprimeront, ſçavoir, une copie pour le libraire qui fera imprimer le livre, une
pour le maître imprimeur, une pour
le correcteur, qui lui ſervira pour faire
les tables, & la quatrième & dernière
pour les compagnons & ouvriers, qui
ſeront tenus néanmoins de préſenter ladite copie à celui qui aura fait
faire l'impreſſion, & qui pourra, ſi
bon lui ſemble, la retenir en payant;
en ſorte que les compagnons & ouvriers n'ayent la faculté d'en diſpoſer
qu'à ſon refus.

X L.

IL eſt expreſſément défendu à tous imprimeurs de faire travailler dans leur imprimerie les dimanches & jours de fête, & aux compagnons & ouvriers d'y travailler à la compoſition ou impreſſion d'aucuns ouvrages, à peine contre les maîtres de cent livres d'amende, & de dix livres contre chacun des compagnons & ouvriers ; pourront néanmoins, en cas de néceſſité ſeulement, préparer & tremper leur papier, hors les heures du ſervice divin.

X L I.

LES compagnons, ouvriers & apprentifs ne feront aucun feſtin ou banquet, ſoit pour entrée, iſſue d'apprentiſſage, ou autrement pour quelque cauſe & raiſon que ce ſoit.

X L I I.

DÉFENSES font faites à tous compagnons, ouvriers & apprentifs, de faire aucune communauté, confrairie, aſſemblée, cabale, ni bourſe commune ; d'avoir aucun livre ni regiſtre de confrairie, d'élire aucun

B iiij

marguillier, syndic, prévôt, chef, prépofé, ni autres officiers ; de faire aucune collecte ni levée de deniers, & d'agir en nom collectif pour quelque caufe & occafion que ce foit, à peine de prifon, de punition corporelle, & de trois cens livres d'amende.

TITRE VI.

De la réception des Libraires, & de celle des Imprimeurs.

XLIII.

AUCUN ne pourra tenir imprimerie ou boutique de librairie à Paris, ni même prendre la qualité de libraire ou d'imprimeur, en conféquence d'aucunes lettres ou d'aucun privilège tel qu'il puiffe être, s'il n'a été reçu maître en ladite communauté, à laquelle maîtrife il ne pourra être admis qu'après avoir fait apprentiffage pendant le tems & efpace de quatre années entières & confécutives, & fervi les maîtres en qualité

de compagnon au moins durant trois
années après le tems de son apprentif-
sage achevé, comme il est dit ci-def-
sus par les articles XX. & XXVIII.
qu'il n'ait au moins vingt ans accom-
plis ; qu'il ne soit congru en langue
latine, & qu'il ne sçache lire le grec,
dont il sera tenu de rapporter un certificat du Recteur de l'université, en
la manière prescrite par le même article XX. ou de justifier comme il
l'aura produit lors de son brévet d'apprentissage, & ce avant que de se pré-
senter à la maîtrise. N'entend Sa Majesté comprendre dans le présent article les fils & gendres de maîtres,
ou ceux qui épouseront une veuve
de maître, lesquels feront reçus suivant l'article XLIV ci-après.

XLIV.

ET comme il est important que
ceux qui exercent lesdites professions
d'imprimeur & de libraire, soient
pourvus d'une capacité & d'une expérience suffisante ; veut Sa Majesté
que les fils & gendres de maîtres,
ainsi que les apprentifs qui auront fait

B v

leur apprentiffage & fervi les maîtres,
avant que d'être admis à la maîtrife
de librairie ou d'imprimerie, outre
le certificat du Recteur de l'univerfité, qu'ils doivent rapporter fuivant
l'article XLIII. foient encore tenus
de fubir, fçavoir, ceux qui afpireront à être reçus libraires, un examen fur le fait de la librairie; & ceux
qui afpireront à être reçus imprimeurs, après ledit examen fur le fait
de la librairie, une épreuve de leur
capacité au fait de l'imprimerie &
chofes en dépendantes; ce qu'ils feront tenus de faire pardevant les fyndic & adjoints en charge, accompa-
gnez de quatre anciens officiers de
leur communauté, dont deux exerçans l'imprimerie, & quatre autres
libraires, qui n'auront pas paffé les
charges, mais qui auront au moins
dix années de réception, dont deux
également exerçans l'imprimerie;
lefquels fufdits huit examinateurs feront tirez au fort par l'afpirant, dans
le nombre tant defdits officiers de
la communauté, que des libraires

& imprimeurs ayant dix années au
moins de réception. Ordonne auxdits examinateurs ainsi nommez,
de se trouver avec les syndic & adjoints à la chambre syndicale, pour
proceder tous ensemble par voie de
scrutin auxdits examen & épreuve,
lequel examen durera au moins deux
heures ; & ne pourra l'aspirant être
reçu s'il n'a les deux tiers des voix
en sa faveur. Il sera dressé du tout à
l'instant un procès verbal par les syndic & adjoints ; & pour droit de présence, chacun des syndic & adjoints
& autres examinateurs aura six jettons valant six livres tournois, qui
leur seront distribuez par l'aspirant.

XLV.

LES aspirans à la librairie, qui
auront les qualités requises, seront
reçus par les syndic & adjoints en
charge, après qu'il leur sera apparu
de leur capacité par l'examen ci-dessus ordonné, de leurs bonnes vie &
mœurs & profession de la religion
catholique, par la certification de quatre maîtres de la communauté, dont

deux exerçans l'imprimerie ; & à l'é-
gard des aspirans à l'imprimerie, le
procès verbal qui aura été dressé par les
syndic & adjoints, de leur examen &
épreuve, ensemble l'information de
vie & mœurs, & le certificat de ca-
tholicité en la forme ci-dessus, seront remis par les syndic & adjoints
entre les mains du Lieutenant-général
de police, pour être par lui envoyez
avec son avis à Monsieur le Garde
des sceaux, & être en conséquence expedié un arrêt du Conseil ; sur
lequel & non autrement, il sera pro-
cedé à la réception de l'aspirant ; laquelle, ensemble celle des aspirans à la
librairie, seront faites dans la chambre de ladite communauté, en présence des anciens syndic & adjoints :
à condition par l'aspirant à la maîtrise de librairie seulement, de mettre ès mains du syndic la somme de
mille livres, & par l'aspirant à la librairie & imprimerie, la somme de
quinze cens livres, lesquelles som-
mes le syndic employera dans son
compte, pour être employées aux

affaires de ladite communauté. Et ſi celui qui aura été reçu libraire vient dans la ſuite à être reçu à la maîtriſe de l'imprimerie, il ſera tenu, outre la ſomme de mille livres ci-deſſus, de payer celle de cinq cens livres; & feront tenus les uns & les autres de donner lors de leur réception, pour droits de préſence, au ſyndic douze jettons d'argent, ſix à chacun des ad-joints, & deux à chaque ancien.

XLVI.

LES fils de maître, qui auront les qualités requiſes, ſeront reçus li-braires à leur première réquiſition, en remettant au ſyndic pour les af-faires de la communauté, ſçavoir, pour la réception à la librairie la ſom-me de ſix cens livres; & s'ils ſont ad-mis par la ſuite à la maîtriſe d'impri-merie, celle de trois cens livres, ou-tre celle deſdites ſix cens livres par eux payée lorſqu'ils auront été reçus libraires; & s'ils ſont reçus en même tems imprimeurs & libraires, ils ſe-ront tenus de remettre la ſomme de neuf cens livres. Les compagnons,

qui, après avoir fini leur apprentiſſage, épouſeront la fille ou la veuve
d'un maître, feront auſſi reçus à la
première demande, pourvû qu'ils
ayent les qualités requiſes, en remettant au ſyndic, ſçavoir, pour être
reçus libraires, la ſomme de ſix cens
livres, & pour être admis enſuite à
la maîtriſe d'imprimerie, celle de
trois cens livres, outre celle deſdites
ſix cens livres par eux payée lors de
leur réception de librairie ; & s'ils
ſont reçus conjointement imprimeurs
& libraires, ils payeront la ſomme
de neuf cens livres : le tout à la charge par leſdits fils & gendres de maîtres, & ceux qui épouſeront des fil-
les ou veuves, de ſubir l'examen,
& d'obſerver les formalités preſcri-
tes par les articles précédens.

XLVII.

LES nouveaux maîtres prêteront
ſerment pardevant le Lieutenant général de police, ſans aucun frais, en
préſence des ſyndic & adjoints, qui
en feront mention ſur les lettres
de maîtriſe.

XLVIII.

CEUX qui auront été reçus maîtres à Paris, pourront aller demeurer & exercer la librairie en toutes les villes & autres lieux du royaume, sans être pour ce tenus de faire apprentissage & nouveau serment esdits lieux ; mais seulement de faire apparoir de leurs lettres de maîtrise & réception, & de faire enregistrer lesdites lettres au Greffe de la justice ordinaire du lieu où ils iront demeurer.

XLIX.

SA Majesté étant informée que l'art de l'imprimerie, qui mérite une attention principale par rapport à l'ordre public, à l'intérêt de la religion & au bien de son service, est tombé depuis plusieurs années dans un dépérissement considérable, & même dans une licence très-préjudiciable, par la foiblesse ou l'avidité du gain, de quelques-uns de ceux qui exercent cette profession, & l'inexécution des règlemens ci-devant faits sur cette matière, Elle veut &

ordonne qu'à l'avenir lefdits règlemens , & notamment celui du mois
d'août 1686. foient fidèlement exécutez en tous les articles auxquels
il n'aura été dérogé par le préfent règlement.

L.

ET attendu que la préférence ac-
cordée par ledit règlement de 1686.
aux fils & aux gendres des imprimeurs, pour être reçus en leur place,
n'a fervi qu'à y admettre fouvent des
fujets foibles ou incapables , & en
exclurre ceux qui par leur capacité &
l'état de leur fortune auroient mieux
mérité cette préférence ; ordonne Sa
Majefté qu'à l'avenir les fils ou gendres des imprimeurs ne pourront prétendre de droit aucune préférence
avec d'autres fujets capables , fi ce
n'eft dans le cas d'un mérite égal , &
de la vacance de la place de leur père
ou beau-père , auquel cas la preuve
du mérite égal fera établie par un
procès verbal dreffé en préfence dudit fieur Lieutenant général de police , par les fyndic & adjoints & les
examinateurs.

LI.

VEUT Sa Majesté que l'aspirant
à l'imprimerie , qui se trouvera par
l'examen avoir toutes les qualités ci-
dessus requises , soit tenu d'avoir une
imprimerie composée de quatre presses au moins , & de neuf sortes de caractères romains avec leur italique,
depuis le gros canon jusqu'au petit
texte inclusivement ; desquels caractères les fontes seront neuves & de
la quantité qui suit , sçavoir , le gros
romain , saint Augustin & cicero , de
quantité suffisante pour faire au moins
trois feuilles chacun , le petit romain
deux feuilles , & les autres à propor-
tion de l'usage dont elles sont ; desquelles presses & fontes les syndic &
adjoints dresseront leur procès verbal , qu'ils remettront entre les mains
du Lieutenant général de police avec
celui de l'examen & épreuve , pour
sur iceux être procédé pardevant lui
à la prestation de serment ; & jusqu'à
ce les visses des presses seront dépo-
sées en la chambre syndicale de la
communauté.

L I I.

DÉFEND à tous imprimeurs, fous peine de confifcation au profit de ladite communauté, & de déchéance de la maîtrife, de prêter aux afpirans à l'exercice de l'imprimerie, aucunes preffes, caffes, ni fontes : Veut à cet effet que tous imprimeurs foient tenus de faire graver leur nom fur lefdites preffes & caffes, & enjoint aux fyndic & adjoints d'y tenir la main : défend pareillement aux afpirans, à peine d'être déchûs de toute efpérance de parvenir à la maîtrife, d'emprunter aucunes preffes, caffes, ni fontes pour former leur établiffement.

L I I I.

VEUT Sa Majefté que les imprimeurs déja reçus, dont les imprimeries ne font pas complètes, ayent à conformer leur imprimerie à la police établie dans l'article LI. ci-deffus ; en conféquence, enjoint aux fyndic & adjoints de faire une vifite générale de toutes les imprimeries, trois mois au plûtard après la pu-

blication du préfent règlement , &
d'en dreſſer un procès verbal qui
contienne exactement tout ce qui ſe
trouvera y manquer des preſſes , fontes , caractères & uſtenſiles néceſſai-
res & prefcrits , lequel procès verbal
ils remettront au Lieutenant général
de police : & feront tenus les pro-
priétaires des Imprimeries qui ſe
trouveront défectueuſes , de ſe dé-
faire de leur imprimerie , ſi dans le
cours de deux années ils ne ſe font
conformez à ladite police.

LIV.

ET afin que les imprimeries qui
ſe trouveront complètes & en bon
état lors de ladite viſite générale , &
celles qui ſe formeront dans la ſuite,
ſe maintiennent toujours conformes
au préſent règlement , les ſyndic &
adjoints feront tenus de faire tous les
trois mois la viſite des imprimeries en
la manière prefcrite ci-après par les
articles LXXXV. & LXXXVII.

TITRE VII.

*Des veuves des Libraires , &
des veuves des Imprimeurs.*

LV.

LES veuves des imprimeurs , &
celles des libraires , pourront
continuer le travail dans leur imprimerie , & tenir leur boutique
de librairie , avoir des compagnons ,
& faire achever aux apprentifs de
leur mari défunt le tems de l'apprentiffage , fans pouvoir prendre de
nouveaux apprentifs ; mais ne pourront lefdites veuves continuer l'exercice dudit art d'imprimerie , qu'à la
charge & condition d'avoir le nombre de preffes & caractères fixé par
le préfent règlement , à peine de déchéance de leur droit : Et au cas
qu'elles fe remarient , elles ne pourront tenir boutique de librairie , ni
imprimerie , fi leurs feconds maris ,
ayant les qualités requifes , n'ont

été reçus maîtres dans ladite communauté.

TITRE VIII.

Des Correcteurs.

LVI.

LES imprimeurs qui ne pourront
eux-mêmes vaquer à la correc-
tion de leurs ouvrages, se serviront
de correcteurs capables, lesquels seront tenus de bien & soigneusement
corriger les livres, & de rendre aux
heures accoûtumées les épreuves cor-
rigées ; en sorte que si par leur faute
il y avoit nécessité de réimprimer les
feuilles qui leur auront été données
pour corriger, elles seront réimpri-
mées aux dépens desdits correcteurs.

TITRE IX.

Des Fondeurs de caractères d'Imprimerie.

L V I I.

TOUTES perſonnes pourront exercer l'art & profeſſion de fondeur de caractères & lettres d'imprimerie ; & ce faiſant, ſeront réputez du corps de la communauté des libraires & imprimeurs, pour jouir des mêmes immunités, franchiſes, exemptions & privilèges qui ont été attribuez auxdits libraires & imprimeurs par les trois premiers articles du préſent règlement.

L V I I I.

SERONT leſdits fondeurs tenus, avant que de faire ladite profeſſion, de ſe préſenter aux ſyndic & adjoints, & de ſe faire inſcrire ſur le regiſtre de la communauté, en qualité de fondeurs de caractères, ce qui ſera fait ſans aucuns frais. Ne pourra néanmoins ladite inscription donner auxdits fondeurs aucun droit d'exercer la librairie ou imprimerie, s'ils n'ont été reçus libraires ou imprimeurs dans ladite communauté. Seront pareillement tenus lesdits fondeurs, de faire leur résidence & de travailler dans le quartier de l'Université, désigné dans l'article XII.

LIX.

VEUT Sa Majesté que six mois après la publication du présent règlement, tous les caractères, vignettes, réglets & autres ornemens de fonte servant à l'imprimerie, depuis le gros canon jusqu'à la nompareille, tant gros œil qu'œil ordinaire, soient fondus d'une même hauteur en papier, fixée à dix lignes & demie géométriques, & que tous les gros & petits canons, tous les gros & petits parangons, les gros romains, les saint Augustin, les cicero, les petits romains, les petits textes & les nompareilles, tant romains qu'italiques, de toutes les fonderies, se rapportent pour la susdite hauteur de dix lignes & demie en papier, & chacun en particulier pour le corps qui lui eſt propre; en ſorte que le petit canon porte deux ſaint Auguſtin, le gros parangon un cicero & un petit romain, le petit parangon deux petits romains, le gros romain un petit romain & un petit texte, le ſaint Auguſtin un petit texte & une nompareille, & le cicero deux nompareilles : tous leſquels caractères feront à l'avenir conformes pour leſdites hauteurs & corps, à la lettre m de chaque corps de fonte ; de laquelle lettre m ſera dépoſé nombre ſuffiſant en la chambre ſyndicale, dont les ſyndic & adjoints en déli-vreront aux fondeurs trente de chaque corps, pour ſervir de modèle, & les fondeurs rapporteront en ladite chambre, après la juſtification de leurs moules, le même nombre de ladite lettre m du bas de caſſe, de leurs frappes, afin que la juſteſſe de chaque corps ſoit plus parfaitement vérifiée ; à peine contre leſdits fondeurs de cinquante livres d'amende, & de confiſcation des fontes, vignettes &

autres

autres ornemens qui ne se trouveront
pas conformes.

L X.

LES caractères d'imprimerie &
tous les ornemens de fonte en dé-
pendant, seront faits de bonne matière forte & cassante. Les fondeurs
à qui les imprimeurs fourniront de
vieilles matières, seront tenus de les
renforcer , en sorte qu'elles soient
de même fortes & cassantes. Toutes
les lettres en particulier seront fondues droites & d'équerre en tout sens,
d'une égale hauteur, bien en ligne,
sans penchement ni renversement,
ni fortes en pied ni fortes en tête,
coupées de manière que les deux ex-
trémités du pied des lettres contiennent ensemble la moitié du corps ,
bien ébarbées, douces au frotter &
au ratisser, d'un cran apparent, bien
marqué, & à l'ordinaire, qu'on appelle
cran dessous ; elles seront aussi d'une
égale distance pour l'épaisseur des
corps ordinaires, en sorte que trois i
ou trois l, ou une h ou une n jointe
à un i ou à une l, fasse l'épaisseur

C

d'une m , & les autres lettres à pro-
portion ; le tout fous les peines portées par l'article précédent.

L X I.

N'ENTEND Sa Majefté empêcher
les fondeurs de mettre leurs frappes
fur d'autres corps, qu'on appelle phi-
lofophie , gaillarde , mignonne &
autres , interrompus & plus appro-
chez en corps & en épaifleur que les
corps ordinaires ; en obfervant néanmoins toûjours la même hauteur en
papier , fixée à dix lignes & demie,
excepté feulement les fontes pour
imprimer en rouge , qui pourront
être d'un tiers de ligne ou environ
plus hautes que les autres ; & pour
diftinguer plus particulièrement lefdites fontes hautes & de corps interrompus , des corps ordinaires , lefdits
fondeurs feront tenus d'y mettre le
cran deffus , à peine d'amende arbitraire.

L X I I.

ATTENDU le petit nombre defdits fondeurs qui fe trouve pré-
fentement dans la ville de Paris ,

veut Sa Majesté qu'ils soient tenus
de travailler pour les imprimeurs de
ladite ville par préférence à ceux des
provinces. Et ne pourront lesdits
fondeurs fournir ni envoyer aucunes
fontes ni aucuns caractères hors ladite ville de Paris, qu'après les avoir
déclarées avant l'envoi, sur le registre
de la communauté, qui fera mention
de la qualité, poids & quantité des
fontes & caractères, comme aussi
des nom & lieu de la résidence des
imprimeurs pour qui elles seront des-
tinées; le tout à peine de confiscation des fontes & caractères.

LXIII.

PERMET néanmoins auxdits fondeurs pendant deux années, à comp-
ter du jour des présentes, de fondre
tous les assortimens dont les imprimeurs auront besoin pour les fontes
qui leur ont été fournies ci-devant
par lesdits fondeurs, lesquels, après
ledit tems passé, n'y pourront être
obligés sous quelque prétexte que ce
puisse être, à peine de cinquante
livres d'amende, tant contre lesdits

fondeurs, que contre les imprimeurs qui en auroient fait faire après l'expiration defdites deux années.

LXIV.

ET afin que toutes les fontes fe trouvent de la hauteur prefcrite par l'article LIX. ordonne Sa Majefté que celles qui viendront des pays étrangers & des provinces, foient portées directement par les voituriers à la douane, & enfuite à la chambre fyndicale, pour y être vifitées par les fyndic & adjoints, & être vérifié fi elles font fondues fur ladite hauteur ; & au cas qu'elles ne fe trouvent pas conformes, elles feront pour la première fois renvoyées fur les lieux, à la diligence des fyndic & adjoints, aux frais de qui il appartiendra ; & en cas de récidive, elles feront refondues, & la matière confifquée au profit de la communauté.

LXV.

COMME il eft important au bien & à la tranquillité de l'état, qu'aucune perfonne, autre que ceux ayant

droit de tenir imprimerie, n'ait en
sa possession des caractères qui puissent y servir, ordonne Sa Majesté
que les fondeurs ne pourront, à peine
de cinq cens livres d'amende & de
punition exemplaire, délivrer leurs
fontes qu'aux imprimeurs ou à leurs
veuves en exercice : Et à l'égard de
celles qui seront envoyées dans les
provinces & dans les pays étrangers,
elles seront déclarées par les fondeurs ou imprimeurs qui les envoye-
ront, sur le livre de la communauté,
& conduites au lieu de leur destination sous acquit à caution, qui sera
rapporté aux syndic & adjoints après
qu'il aura été déchargé sur les lieux;
à peine de pareille amende de cinq
cens livres contre lesdits fondeurs ou
imprimeurs.

LXVI.

POURRONT ceux qui exerceront
ledit art, prendre & avoir telles personnes qu'ils voudront dans leur
fonderie, pour être élèves & devenir ouvriers, à condition d'en faire
aux syndic & adjoints leur déclara-

C iij

tion , qui fera infcrite fans frais fur un regiftre particulier ; défend aux autres ouvriers fondeurs de les em- pêcher , troubler ni molefter dans leur travail , fous quelque prétexte que ce foit , à peine de punition exemplaire.

LXVII.

SERONT lefdits ouvriers fon- deurs tenus d'achever les fontes par eux commencées , & fur lefquelles ils auront travaillé ; & lorfqu'ils vou- dront quitter leur maître , ils ne le pourront faire qu'en les avertiffant un mois avant que les fontes par eux commencées foient achevées. Veut au furplus que les articles ci-devant établis pour la police & difcipline des compagnons & ouvriers imprimeurs, ayent lieu à l'égard defdits ouvriers fondeurs , & foient par eux obfervés fous les peïnes y exprimées.

LXVIII.

NE pourront lefdits fondeurs , leurs veuves & héritiers , vendre , céder ou tranfporter leurs poinçons , frappes & matrices , en tout ou en partie, à d'autres qu'aux imprimeurs, aux libraires ou aux fondeurs, & feront tenus d'en donner la préférence à ceux de Paris, & d'en faire leur déclaration fur le regiftre de la communauté, à peine de confifcation & d'amende : leur défend Sa Majefté de les vendre pour être tranfportés dans les pays étrangers, fous quelque prétexte que ce foit, à peine d'amende arbitraire, de confifcation, & de plus grande peine s'il y échet.

TITRE X.

Des Colporteurs.

LXIX.

AUCUN ne pourra faire le métier de colporteur, s'il ne fçait lire & écrire, & qu'après avoir été préfenté par les fyndic & adjoints des libraires & imprimeurs, au Lieutenant général de police, & par lui reçu fur les conclufions du Procureur de Sa Majefté au Châtelet ; ce qui fera fait fans frais.   C iiij

LXX.

LES maîtres imprimeurs, libraires , fondeurs de caractères ou relieurs , leurs fils , compagnons & apprentifs , qui par pauvreté , infirmité
d'âge ou de maladie , ne pourront
exercer leur profeſſion , feront préférez à tous autres pour être colporteurs. Tous les colporteurs feront
tenus , trois jours après qu'ils auront
été reçus , de faire enregiſtrer leurs
nom & leur demeure dans le livre
de la communauté , avec foûmiſſion
d'y venir déclarer les maiſons où ils
iront loger , dans le cas de change-
ment de domicile ; & ils feront pareille déclaration aux Commiſſaires
des quartiers où ils demeureront , à
peine d'interdiction & de cinquante
livres d'amende.

LXXI.

LE nombre des colporteurs de-
meurera réduit & fixé à cent vingt ,
dont les huit premiers plus anciens reçus auront leur département dans les
cours & falles du palais , où les autres
ne pourront aller vendre que par fuc-

ceſſion & en la place de ceux qui ſeront décédez ; mais il leur ſera permis de vendre par la ville & les fauxbourgs , & les lieux qu'ils trouveront
les plus avantageux pour le débit ;
ſans qu'au ſurplus les uns ni les autres
puiſſent avoir aucuns imprimez ailleurs que dans leur maiſon ; le tout
à peine d'interdiction , de cinquante
livres d'amende & de priſon.

LXXII.

FAIT Sa Majeſté défenſes auxdits
colporteurs de colporter , vendre &
débiter aucuns livres , factums , mémoires , feuilles ou libelles ſur quelque matière ou de quelque volu-
me que ce ſoit , à l'exception des
édits , déclarations , ordonnances ,
arrêts , ou autres mandemens de juſ-
tice , dont la publication aura été ordonnée , des almanachs & des tarifs ,
comme auſſi de petits livres qui ne
paſſeront huit feuilles , brochez &
reliez à la corde , & imprimez avec
privilège ou permiſſion , par les ſeuls
imprimeurs de Paris , avec le nom du
libraire ; le tout à peine de priſon ,

C v

de confiscation & de punition corporelle, selon l'exigence des cas.

LXXIII.

NE pourront lesdits colporteurs tenir boutique ou magasin, ni faire imprimer aucune chose en leur nom ou pour leur compte.

LXXIV.

SERONT tenus iceux colporteurs de porter une marque ou écusson de cuivre au-devant de leurs habits, où sera écrit *Colporteur*, & chacun d'eux aura une balle dans laquelle ils porteront les imprimés qu'ils exposeront en vente, tels qu'ils sont ci-dessus énoncez, & qu'il leur est permis de colporter, vendre & débiter ; le tout à peine d'amende, de prison, de confiscation, & de punition exemplaire. Fait défenses à toutes personnes sans exception, qui ne seront du nombre des cent vingt colporteurs, de colporter, exposer en vente, crier par les rues, & débiter en particulier dans cette ville & fauxbourgs de Paris, en aucune manière ni sous quelque prétexte que ce soit, aucuns écrits,

livres ou livrets , ou autres imprimez , à peine de prison & de punition corporelle.

TITRE XI.

Des Libraires forains.

LXXV.

LES libraires forains ne pourront
tenir boutique , magasin ou imprimerie , ni faire afficher leurs livres
en la ville de Paris , par le moyen de
facteurs , commissionnaires , ou autres personnes qu'ils pourroient in-
terposer. Défend Sa Majesté à tous
libraires , imprimeurs & relieurs de
cette ville de Paris , & à tous autres ,
de faire aucune facture pour les libraires demeurans dans les autres villes du royaume ou étrangères : Et ne
pourront lesdits marchands forains
séjourner pour la distribution de leurs
livres , plus de trois semaines , depuis
le jour de l'ouverture & visite de
leurs balles , à peine de confiscation
des marchandises qui se trouveront

après ledit tems expiré , & d'amende
arbitraire.

LXXVI.

ET pour rémédier aux abus qui
se commettent dans le commerce des
livres apportez à Paris par les libraires étrangers ou par ceux des provinces , veut Sa Majesté que lesdits libraires forains ayent leurs marchandises de livres dans le quartier de l'U-
niversité exprimé dans l'article XII.
& non ailleurs, qu'ils déclarent aux
syndic & adjoints les lieux où ils les
tiendront , & qu'ils ne puissent faire
échange ou vente de leurs livres ,
qu'aux libraires de ladite ville de Paris , & non à autres ; le tout à peine
de confiscation & d'amende.

LXXVII.

AUCUNS libraires de ladite ville
de Paris , des provinces de ce royaume , étrangers , ni autres , ne pourront tenir boutique ou magasin de
livres aux foires de saint Germain &
de saint Laurent , & autres foires ,
ni vendre , exposer ou débiter esdits
lieux aucuns livres ni livrets , à peine

de confiscation & de punition exemplaire ; & en cas de contravention les syndic & adjoints seront tenus de les faire saisir & enlever.

TITRE XII.

Des Syndics & Adjoints, & des Administrateurs de Confrairie.

LXXVIII.

IL sera procédé, suivant l'usage, le 8. mai de chacune année, à l'élection de deux adjoints, en la place de ceux qui, après deux années de service & fonction dans ladite charge, en devront sortir, & sera audit jour procédé de deux ans en deux ans, à l'élection d'un syndic, qui sera pris dans le nombre des anciens adjoints ; à condition néanmoins que alternativement il sera élû pour syndic un desdits adjoints libraire ou libraire-imprimeur, ou que du moins le syndicat ne pourra être rempli que deux fois de suite par des sujets

pris dans le nombre defdits anciens
adjoints libraires ou defdits anciens
adjoints libraires - imprimeurs ; &
lorfque le fyndic fera libraire-imprimeur, il n'y aura qu'un adjoint exerçant l'imprimerie en charge, en forte
que de cinq officiers qui compofent
le bureau, il y ait toûjours deux libraires exerçant l'imprimerie.

L X X I X.

SERONT lefdites élections faites
dans la chambre de la communauté,
en préfence du Lieutenant général
de police & du Procureur de Sa
Majefté au Châtelet, à la pluralité
des voix, par les fyndic & adjoints
en charge, les anciens fyndics & adjoints, & feize mandés qui n'auront
point été dans les charges, dont huit
exerçant l'imprimerie; lefquels mandés feront nommez par les officiers
du bureau & par les anciens. Les
fyndic & adjoints nouvellement élûs,
prêteront le ferment à l'inftant, de
bien & fidèlement fe comporter en
leur charge, de quoi il leur fera
donné acte fans frais.

LXXX.

LORSQU'IL fera néceffaire d'af-
fembler ladite communauté pour
délibérer fur les affaires extraordi-
naires, les fyndic & adjoints appelle-
ront auxdites affemblées les anciens
fyndics & adjoints, & pareil nombre de feize mandés, dont huit exerçans l'imprimerie, qui feront pareillement nommez par les officiers en
charge & par les anciens, & qui re-
préfenteront toute la communauté :
lefdits mandés feront tenus de fe rendre auxdites affemblées convoquées
pour lefdites élections ou affaires ex-
traordinaires, à peine de douze livres applicables au profit des pauvres
de ladite communauté.

LXXXI.

LES anciens fyndics & adjoints
garderont entr'eux dans les affemblées de la communauté, leur rang,
féance & voix délibérative, fuivant
l'ordre de leur élection ; bien en-
tendu que les fyndics auront toûjours
la préféance fur les adjoints, & les
adjoints fur ceux qui n'ont point été
dans les charges.

LXXXII.

SERA la confrairie administrée par les deux adjoints derniers en charge, dont le plus ancien de réception sera le premier, & aura l'administration des deniers d'icelle confrairie. Il leur sera payé annuellement par chacun maître & veuve, trente sols au jour de la fête de saint Jean Porte-latine; & vingt-quatre livres une fois payées par chacun des maîtres qui seront reçus. Seront lesdits deux adjoints tenus de rendre compte de leur administration pardevant les syndic & adjoints en charge & les anciens syndics & adjoints, trois mois après leurdite administration finie.

LXXXIII.

LE syndic rendra compte de la recette & administration des deniers & effets de la communauté, en préfence de ladite communauté affemblée en la maniere prefcrite ci-deffus article LXXX. dans trois mois au plus tard du jour qu'il fera forti de charge, à peine d'être exclu d'avoir aucun rang ni voix délibérative dans

les assemblées de ladite communauté ;
& ledit compte , après avoir été exa-
miné par les syndic & adjoints , sera
ensuite rapporté dans la communauté
assemblée , par un ancien syndic ou
adjoint que les syndic & adjoints en
charge nommeront pour cet effet.

LXXXIV.

ENJOINT aux imprimeurs , libraires , fondeurs , relieurs , doreurs ,
compagnons , ouvriers , apprentifs ,
colporteurs & autres , de porter honneur aux syndic & adjoints , & de leur
obéir en faisant leur charge ; leur
défend de les injurier , & leur méfaire
ou médire , à peine de cinquante livres d'amende , & de punition exemplaire si le cas le requiert.

TITRE XIII.

De la visite des imprimeries & librai-
ries, & de celle des livres venant de
dehors en la Chambre syndicale.

LXXXV.

LES Syndic & Adjoints pourront
faire leur visite toutes & quantes
fois qu'ils le trouveront nécessaire,
dans tous les lieux où feront les imprimeries, boutiques ou magasins des
libraires, & fonderies, même dans
les collèges, maisons religieuses &
autres endroits prétendus privilégiez:
Enjoint aux Supérieurs, Principaux
& autres, d'ouvrir leurs portes & de
souffrir ladite visite, à peine de désobéissance. Seront tenus lesdits syndic
& adjoints de faire une fois au moins
tous les trois mois la visite générale
des imprimeries, & de dresser un
procès verbal des ouvrages qui s'imprimeront, des apprentifs, compagnons & ouvriers, du nombre des

preffes, & de la qualité & quantité
des caractères de chacun maître imprimeur, & des malverfations, fi
aucune y a; lequel procès verbal ils
remettront entre les mains du Lieutenant général de police, pour y être
par lui pourvu. Enjoint aux imprimeurs de tenir leur imprimerie ou-
verte ou feulement fermée d'un lo-
quet pendant le tems du travail, à
peine de cinquante livres d'amende,
payable un tiers par le directeur ou
conducteur de l'imprimerie, & le
furplus par les compagnons, apprentifs & ouvriers. Et pour fubvenir
aux befoins de la communauté, fera
payé trente fols par chacun maître &
par chaque veuve de maître, pour
le droit de chacune des quatre vifites
que lefdits fyndic & adjoints feront
tenus de faire par chacun an chez
tous les maîtres & veuves de ladite
communauté, & ce conformément
à la déclaration du 11. feptembre
1703. jufqu'à ce qu'il en ait été par
Sa Majefté autrement ordonné.

LXXXVI.

AU cas que lors des visites qui feront faites chez les libraires & imprimeurs, ou dans les magasins étant dans les collèges ou autres lieux prétendus privilégiez, il soit fait refus d'ouvrir les portes, il en fera par les syndic & adjoints dressé procès verbal, dont ils référeront au Lieutenant général de police, à l'effet d'obtenir main-forte, & même permission de faire procéder par bris & rupture des portes, en se conformant à l'ordonnance; ce qui fera exécuté aux frais & dépens des Principaux & Supérieurs des collèges & maisons privilégiées, qui feront contraints au payement par saisie tant de leurs biens personnels, que du revenu desdites maisons & collèges.

LXXXVII.

S'IL ne fe trouve dans quelqu'une desdites imprimeries le nombre de presses & caractères ci-devant prescrit, les syndic & adjoints en dresseront un procès verbal particulier, qu'ils remettront au plus tard dans trois jours au Lieutenant général de police, pour y être par lui pourvu immédiatement dans l'audience suivante.

LXXXVIII.

LES syndic & adjoints, en faisant leur visite, tiendront la main à ce qu'il ne soit employé à l'impression aucuns mauvais caractères ni aucun papier de mauvaise qualité; & en cas qu'ils en trouvent, ils feront tenus de les saisir, & de les faire transporter en la chambre de la communauté : ils veilleront pareillement à ce que les apprentifs, tant imprimeurs que libraires, soient en exercice actuel chez leur maître.

LXXXIX.

TOUS les libraires ou autres personnes, de quelque qualité & condition qu'elles soient, sans aucune exception, qui feront venir à Paris des livres imprimez dans le royaume ou dans les pays étrangers, ou des estampes, feront tenus de les faire apporter dans la chambre syndicale de la communauté, au même état qu'ils feront arrivez, & ne pourront les retirer de la douane, des voituriers par terre ou par eau, & des meffagers, fans un billet du fyndic ou de deux de fes adjoints. Seront pareillement tenus les marchands merciers-groffiers, qui vendent des alphabets, almanachs, heures & petits livres de prières imprimez hors de cette ville de Paris, de faire apporter leurs balles ou paquets defdits livres en ladite chambre, pour y être vifitez, à peine de confifcation & d'amende. Veut Sa Majefté que trois au moins defdits fyndic & adjoints fe tranfportent en ladite chambre pour ladite vifite, tous les mardis & vendredis de chaque femaine, deux heures de relevée, & retiennent pardevers eux les factures des livres contenus dans lefdites balles, caiffes & paquets, lefquelles factures leur feront préalablement remifes, fignées de ceux qui retireront lefdites balles, & qui en donneront leur reçu fur le regiftre defdites vifites: & où il fe trouveroit des livres ou eftampes contraires à la religion,

au bien & au repos de l'état, & à la
pureté des mœurs, ou libelles diffamatoires contre l'honneur & la réputation de quelques-uns des sujets de
Sa Majesté, ou imprimez dans le
royaume sans privilège ni permission, & sans nom de libraire & de la
ville où ils auront été imprimez, ou
contrefaits sur ceux imprimez avec
privilège ou continuation de privilège; les syndic & adjoints arrêteront
tous lesdits livres & estampes, ensemble ceux qui y seront joints, & les
marchandises, s'il y en a, qui auront
servi de couverture ou de prétexte
pour faire passer lesdits livres; desquels dits livres & estampes ainsi saisis
& arrêtez, ils tiendront un registre
particulier.

X C.

DÉFEND Sa Majesté à tous maîtres & conducteurs de carrosses,
coches, & messagers, charretiers,
rouliers & autres voituriers, tant par
eau que par terre, qui ameneront en
cette ville de Paris des balles, ballots
ou paquets de livres & estampes, gros

& petits, & des fontes & caractères
fervant à l'imprimerie, comme auffi
à leurs facteurs, de les délivrer à leurs
adreffes, & même de les décharger
aux environs de Paris ou ailleurs.
Défend pareillement à toutes perfonnes, de quelque qualité & condition
qu'elles foient, de recevoir ni fouffrir
qu'il foit envoyé dans leurs maifons
aucuns livres, eftampes, ni caractères
d'imprimerie, par entrepôt ni autrement: Veut qu'ils foient conduits directement à la douane, ou délivrez fur
le billet du fyndic ou de ceux de fes
adjoints, pour être portez en la chambre de la communauté defdits libraires
& imprimeurs, afin d'y être vifitez,
ainfi qu'il eft dit ci-deffus, à peine contre les contrevenans, de confifcation
de leurs bateaux, coches, carroffes,
harnois & chevaux, de mille livres
d'amende, & de répondre en leur
propre & privé nom, tant des abus
qui en pourront arriver, que de
tous dépens, dommages & intérêts
envers les libraires, même de punition exemplaire en cas de récidive.

Ordonne

Ordonne & enjoint à tous directeurs, inspecteurs, contrôleurs, commis & gardes des bureaux d'entrée & barrières de la ville & banlieue de Paris, de tenir la main à ce que les balles, ballots ou paquets de livres, estampes & de fontes ou caractères d'imprimerie, soient sûrement conduits à la douane; & où il se trouveroit des balles ou paquets de livres, estampes ou caractères d'imprimerie, qui n'auroient pas été déclarez par les conducteurs des voitures, ou passant en fraude par des lieux détournez, veut que lesdites voitures soient arrêtées, dont il sera aussi-tôt donné avis aux syndics & adjoints des libraires & imprimeurs, qui feront transporter lesdites balles ou paquets de livres, estampes ou caractères, en ladite chambre syndicale, & s'en chargeront sur le procès verbal desdits officiers & commis. Fait pareillement défenses à tous libraires, imprimeurs, fondeurs, & autres personnes, de recevoir aucuns livres, estampes ou caractères d'imprimerie,

D

quand même ils se trouveroient mê-
lez avec d'autres marchandises , s'ils
n'ont été préalablement visitez dans
ladite chambre , à peine de confifcation , tant des livres , estampes &
caractères , de quelque nature qu'ils
soient , que des autres marchandises
qui s'y trouveront jointes , de trois
mille livres d'amende , & de tous dépens , dommages & intérêts.

XCI.

DÉFEND aux inspecteurs & pré-
posez au bureau de la douane de la
ville de Paris , ensemble aux commis
employez aux ports & barrières ,
maîtres des coches , carrosses , messa-
geries , & tous autres , de délivrer
aucunes balles , ballots , caisses ou paquets de livres ou estampes à aucunes
personnes de quelque qualité & condition , & sous quelque prétexte que
ce soit , & ce nonobstant tous arrêts ,
ordres ou permissions à ce contraires , auxquels Sa Majesté a dérogé &
déroge à cet égard , même à l'article
VI. de l'arrêt du Conseil du 11. sep-
tembre 1720. portant règlement

pour la bibliothèque de Sa Majesté ;
le tout à peine contre les contrevenans d'en répondre en leur propre &
privé nom , de cinq cens livres d'a-
mende , & d'être déchûs & privez de
leurs emplois ou privilèges.

XCII.

DÉFEND Sa Majesté à tous syndics & adjoints , gardes & autres officiers des communautés des libraires
& imprimeurs des villes des provinces
du royaume , ensemble à tous directeurs, commis , gardes , inspecteurs,
& autres employés dans les douanes,
romaines & bureaux , d'ouvrir ni
visiter aucunes balles , ballots , caisses
ou paquets de livres , d'estampes ou
de caractères d'imprimerie , venant
des pays étrangers , ou des provinces
du royaume , en la ville de Paris , &
de les arrêter dans leurs routes ; ains
leur enjoint de les laisser passer avec
acquits à caution, jusqu'au lieu de leur
destination ; à l'effet de quoi les voituriers qui seront chargez des balles
ou paquets de livres , d'estampes ou
de caractères d'imprimerie , seront

D ij

tenus de prendre ledit acquit à caution, fçavoir, pour les livres, eſtampes
& caractères venant des pays étrangers, dans les premiers bureaux d'entrée du royaume, & pour ceux
venant des provinces du royaume,
dans le bureau du lieu d'où l'envoi
ſera fait, ou s'il n'y en avoit point,
dans le plus prochain par-où ils paſſeront; dans lequel bureau leſdits
ballots ou paquets ſeront plombez
par les commis des fermes de Sa Majeſté, & les voituriers y feront ſur le
regiſtre des acquits à caution, leurs
ſoûmiſſions, par leſquelles ils s'obli-
geront ou feront pour eux obliger
perſonnes ſolvables, de repréſenter
au bureau de la douane de la ville
de Paris, leſdits ballots ou paquets
plombez, & de rapporter au plus
tard dans deux mois un certificat qui
ſera écrit au dos dudit acquit à caution, portant que leſdits ballots ou
paquets y ont été repréſentez & remis
ès mains des ſyndic & adjoints de
ladite ville, qui mettront pareillement ſur leſdits acquits à caution,

leur certificat, que lesdites balles, ballots ou paquets ont été portez en leur chambre syndicale. Veut que tous les livres & livrets qui viendront des pays étrangers, ne puissent entrer dans le royaume que par les villes de Paris, Rouen, Nantes, Bordeaux, Marseille, Lyon, Strasbourg, Metz, Amiens & Lille ; fait défenses à toutes sortes de personnes de les traduire par aucune autre ville ni par aucun autre bureau ou passage, à peine de confiscation.

X C I I I.

LES syndic & adjoints, lorsqu'ils en seront requis, délivreront leur certificat de l'état auquel ils auront trouvé les livres ou estampes lors de l'ouverture des balles, ballots, caisses ou paquets, pour servir à ceux qui auront fait venir lesdits livres ou estampes, contre les voituriers & messagers, en cas de dépérissement desdits livres ou estampes par leur faute ou négligence.

X C I V.

LES syndic & adjoints, en faisant

D iij

la visite ordinaire des livres dans la chambre de la communauté, n'en pourront acheter ou faire acheter aucun pour leur compte, ni mettre à part pour changer ; pourront néanmoins vingt-quatre heures après ladite visite, acheter ou échanger pour leur compte lesdits livres visitez, ainsi que les autres libraires.

X C V.

LES ballots ou paquets non réclamez & non retirez de la chambre syndicale après un an du jour qu'ils auront été apportez en ladite chambre, seront ouverts en conséquence d'une ordonnance du Lieutenant général de police, par les syndic & adjoints, en présence d'un commissaire qu'il commettra à cet effet, lequel dressera son procès verbal, tant des livres que des autres effets qui s'y trouveront, pour sur ledit procès verbal être statué par le Lieutenant général de police ainsi qu'il appartiendra.

X C V I.

LES syndic & adjoints visiteront

toutes & quantes fois qu'ils jugeront
à propos, les boutiques, maisons &
ouvroirs des doreurs & relieurs, de
même que celles des libraires & des
imprimeurs; & s'ils y trouvent des
livres défendus ou contrefaits, ou
imprimez dans le royaume sans permiffion ou privilège, ils les faifiront
& les feront tranfporter fur le champ
en la chambre de la communauté,
pour être enfuite procédé contre
ceux qui s'en trouveront faifis, ainfi
qu'il appartiendra.

XCVII.

LES fyndic & adjoints vifiteront
les tapiffiers, dominotiers & imagers,
à ce qu'ils n'aient à imprimer ni vendre aucuns placards ni peintures &
images diffolues, & ne puiffent avoir
dans leurs maifons que des preffes
uniquement propres à imprimer des
planches gravées en bois ou en cuivre; défend auxdits tapiffiers, dominotiers & imagers, d'avoir pardevers
eux aucunes preffes ni aucuns caractères de fonte propres à imprimer des
livres: veut que quand ils voudront

mettre au deſſous de leurs eſtampes
& figures quelqu'explication imprimée & non gravée, ils aient recours
aux imprimeurs, & que ladite explication ne puiſſe excéder le nombre
de ſix lignes, ni paſſer juſqu'au revers
deſdites eſtampes & figures. Seront
tenus leſdits tapiſſiers, dominotiers &
imagers, faire apporter en la chambre
de la communauté des libraires &
imprimeurs, les marchandiſes de leur
art qu'ils feront venir des pays étrangers & des provinces du royaume,
pour y être viſitées par les ſyndic &
adjoints; le tout à peine de confiſcation au profit de ladite communauté,
& d'amende arbitraire. Et afin que
ceux qui feront profeſſion de domi-
noterie & imagerie, ſoient connus
par leſdits ſyndics & adjoints, veut
que tous leſdits tapiſſiers, dominotiers & imagers ſoient tenus de faire
inſcrire ſans frais ſur le regiſtre de la
communauté, leur nom & leur demeure, à peine de cent livres d'a-
mende; ſans que ladite inſcription
puiſſe leur donner le droit de vendre

aucun livre ou livret, ni d'exercer ladite profeſſion d'imprimerie ou librairie, en quelque manière & ſous quelque prétexte que ce ſoit, ſous les peines portées par les précédens articles.

XCVIII.

LES marchandiſes de librairie qui feront ſaiſies pour contravention, feront dépoſées en la chambre de la communauté des libraires & imprimeurs ; les ſyndic & adjoints s'en chargeront par les procès verbaux de faiſies, pour les garder ſans frais juſqu'à ce qu'il ait été ſtatué ſur leſdites ſaiſies ; ſans que les marchandiſes puiſſent être tranſportées ailleurs, ou laiſſées en la garde d'aucun autre gardien ou officier.

TITRE XIV.

Des Libelles diffamatoires, & autres Livres prohibez & défendus.

XCXI.

CEUX qui imprimeront ou feront imprimer, vendront, expoferont, diftribueront ou colporteront des livres ou libelles contre la religion, le fervice du Roi, le bien de l'état, la pureté des mœurs, l'honneur & la réputation des familles & des particuliers, feront punis fuivant la rigueur des ordonnances. Et à l'égard des imprimeurs, libraires, relieurs ou colporteurs, ils feront en outre privez & déchûs de leurs priviléges & immunités, & déclarez incapables d'exercer leur profeffion, fans pouvoir y être jamais rétablis.

C.

LES apprentifs & compagnons ne pourront vendre & négocier aucuns livres pour leur compte particulier, à peine de confiscation des livres & de cinq cens livres d'amende pour la première fois, & en cas ne récidive, d'être déclarez incapables de parvenir à la maîtrise, même de punition exemplaire.

TITRE XV.

Des Privilèges & continuation d'iceux pour l'impression des Livres.

C I.

AUCUNS libraires ou autres ne pourront faire imprimer ou réimprimer dans toute l'étendue du royaume, aucuns livres, sans en avoir préalablement obtenu la permission par lettres scellées du grand sceau ; lesquelles ne pourront être demandées ni expédiées, qu'après qu'il aura été remis à M. le Chancelier ou Garde des sceaux de France, une copie manuscrite ou imprimée du livre pour l'impression duquel lesdites lettres seront demandées.

D vj

C I I.

NE pourront pareillement lefdits libraires ou autres, faire imprimer ou réimprimer aucuns livres, ni même des feuilles volantes & fugitives, fans en avoir obtenu permiffion du Lieutenant général de police, & fans une approbation de perfonnes capables & choifies par lui pour l'examen ; & fous ledit nom de livres ne pourront être compris que les ouvrages dont l'impreffion n'excédera pas la valeur de deux feuilles en caractère de cicero.

C I I I.

AUCUNS livres ou livrets ne pourront être imprimez ou réimprimez, fans y inférer au commencement ou à la fin, des copies entières, tant des privilèges & permiffions fur lefquels ils auront été imprimez ou réimprimez, que de l'approbation de ceux qui les auront lûs & examinez avant l'obtention defdits privilèges & permiffions.

C I V.

SI les ouvrages pour l'impreffion

defquels on demande des privilèges
& permiffions, contiennent plufieurs
traités, parties ou volumes, dont il
n'y aura que les premiers d'achevez
quand les permiffions feront accordées, aucuns libraires, imprimeurs
ou autres ne pourront imprimer ou
faire imprimer en vertu defdites permiffions, aucunes parties defdits ouvrages, avant que lefdites parties qui
n'ont pas été examinées avant l'obtention defdites permiffions, aient été
examinées & approuvées, ce qui fera
exécuté même à l'égard des préfaces,
avertiffemens, épîtres dédicatoires,
fupplémens, tables & autres : les imprimez feront entièrement conformes aux exemplaires vûs par les examinateurs, fans qu'on puiffe rien
changer, ajoûter ou diminuer aux
titres defdits livres ou livrets, dans
les affiches ou placards qui en feront
mis aux lieux accoûtumez ; & pour
cet effet les imprimeurs, libraires &
autres feront obligez après l'impreffion achevée, de remettre és mains
de M. le Garde des fceaux, l'exem-

plaire manuſcrit ſur lequel elle aura été faite, ou un exemplaire imprimé, paraphé par l'examinateur.

C V.

LES quatre articles ci-deſſus ſeront ponctuellement exécutez, à peine contre les contrevenans de demeurer déchûs de tous les droits portez par les permiſſions ou privilèges, & d'être procédé contr'eux par confiſcation d'exemplaires , amende , clôture de boutique , & autres plus grandes peines s'il y échet.

C V I.

LESDITES lettres ou privilèges de permiſſion ſeront dans les trois mois du jour de leur obtention, enregiſtrées ſur le regiſtre de la communauté des imprimeurs & libraires de Paris , fidèlement , tout au long , ſans interlignes ni ratures , à peine de nullité d'icelles ; & aucun livre ne pourra, ſous la même peine, être affiché ni expoſé en vente , qu'après ledit enregiſtrement. Les ceſſions deſdites lettres ſeront pareillement régiſtrées ſur le même regiſtre, au plus tard trois mois après la date desdites cessions, & tout au long, à peine de nullité. Veut Sa Majesté que la même chose soit observée à l'égard des permissions accordées pour l'impression des livrets, avant qu'elle puisse avoir été commencée. Et sera ledit registre de la communauté des libraires & imprimeurs de Paris, communiqué à toutes personnes, pour y faire telles recherches & tels extraits que chacun avisera ; au moyen de quoi lesdites lettres seront censées avoir été suffisamment signifiées, nonobstant toutes dispositions à ce contraires, auxquelles Sa Majesté déroge expressément.

C V I I.

POURRONT les livres pour lesquels auront été obtenues lettres de privilège ou permission, être imprimez dans l'étendue du royaume. Défend Sa Majesté d'en faire imprimer aucun hors d'icelui, à peine de confiscation des exemplaires & de quinze cens livres applicables moitié au profit de l'hôtel-Dieu, & l'autre moitié au profit de la communauté.

CVIII.

TOUS libraires, graveurs & autres personnes qui obtiendront des privilèges ou permiſſions du grand ſceau, pour l'impreſſion, réimpreſſion ou gravûres des livres, feuilles & eſtampes, feront tenus avant que de les pouvoir afficher & expoſer en vente, de remettre ſans frais entre les mains des ſyndic & adjoints, cinq exemplaires brochez de chacun des livres, feuilles & eſtampes qu'ils auront imprimez ou fait imprimer en vertu deſdites lettres de privilège ou permiſſion ; deſquels cinq exemplaires leſdits ſyndic & adjoints feront tenus de ſe charger ſur un regiſtre particulier, & d'en donner un reçu, pour être par eux leſdits exemplaires remis huitaine après, ſçavoir, deux au Garde de la bibliothèque publique de Sa Majeſté, un au Garde du cabinet du château du Louvre, un en la bibliothèque de M. le Garde des ſceaux de France, & un à celui qui aura été choiſi pour l'examen

defdits livres, feuilles ou eftampes :
comme auffi lefdits imprimeurs,
libraires, graveurs ou autres, remettront fans frais entre les mains defdits fyndic & adjoints des libraires &
imprimeurs de Paris, trois exemplaires brochez de toutes les impref-
fions & réimpreffions des livres, feuilles & eftampes ; defquels exemplaires lefdits fyndic & adjoints fe chargeront, pour être employez aux affaires & befoins de ladite communauté : le tout à peine de nullité des lettres de privilège ou permiffion, de
confifcation des exemplaires, & de
quinze cens livres d'amende. Enjoint
auxdits fyndic & adjoints d'y tenir la
main, & de faifir tous les exemplaires
des livres, feuilles & eftampes qui
feront mis en vente & affichez avant
qu'il ait été fatisfait à ce qui eft ordonné par le préfent article ; ce qui
fera pareillement obfervé pour les livres & autres écrits imprimez avec
permiffion des juges de police.

C I X.

DÉFEND Sa Majefté à tous

imprimeurs & libraires du royaume,
de contrefaire les livres pour lefquels
il aura été accordé des privilèges ou
continuation de privilèges, & de
vendre & débiter ceux qui feront
contrefaits, fous les peines portées
par lefdits privilèges ou continuation de privilèges, qui ne pourront
être modérées ni diminuées par les
juges; & en cas de récidive les contrevenans feront punis corporelle-
ment, & déchûs de la maîtrife, fans
qu'ils puiffent directement ni indirec-
tement s'entremettre du fait de l'imprimerie & du commerce des livres.

C X.

NE pourront lefdits libraires &
imprimeurs, ni autres, demander
aucun privilège pour l'impreffion des
factums, mémoires, requêtes, pla-
cets, billets d'enterremens, pardons,
indulgences, monitoires; & feront
lefdits ouvrages indifféremment imprimez par les imprimeurs dont les
particuliers voudront fe fervir. Pourront les imprimeurs & les libraires,
imprimer ou faire imprimer les par-

dons, indulgences & autres ouvrages propres à chaque diocèse, fur les privilèges fpéciaux qu'en auront obtenu les évêques.

CXI.

VEUT néanmoins Sa Majefté que les factums, requêtes ou mémoires ne puiffent être imprimez, fi les copies qui feront remifes entre les mains des imprimeurs ou libraires, ne font fignées d'un avocat infcrit fur le tableau, ou d'un procureur. Les arrêts de la cour de Parlement & de la cour des Aydes de Paris ne pourront être imprimez fans permiffion particulière defdites Cours, obtenues par arrêt fur requête préfentée à cet effet, à peine contre les contrevenans de deux cens livres d'amende pour la première fois, & à l'égard des imprimeurs, en cas de récidive, d'être fufpendus de leurs fonctions pendant trois mois ; à l'exception néanmoins des arrêts de règlement, & de tous ceux qui concernent l'ordre & la difcipline publique, qui doivent être imprimez par les

foins des procureurs généraux de Sa
Majefté; comme auffi des arrêts d'ordre & d'homologation des contrats ,
pour être fignifiez aux parties.

CXII.

DÉFEND Sa Majefté à tous
graveurs , imagers & dominotiers , de
graver , imprimer ou faire imprimer ,
vendre & débiter aucunes cartes de
géographie , & autres planches ni
explication étant au bas d'icelles ,
fans privilège du grand fceau , ou
permiffion du Lieutenant général de
police , qui feront enregiftrez fur le
livre de la communauté des libraires
& imprimeurs de Paris , ainfi qu'il
eft prefcrit par l'article CVI. ci-deffus.

TITRE XVI.

Des ventes, inventaires & prisées des Bibliothèques, des Imprimeries &, Librairies.

CXIII.

DÉFEND Sa Majesté aux huissiers-priseurs de s'immiscer à
faire aucune prisée ni description de
livres; ordonne qu'elles seront faites
par deux libraires, lorsqu'ils en seront
requis par les héritiers, légataires ou
autres parties intéressées : & sera l'inventaire ainsi fait par lesdits libraires,
mis & annexé par les notaires à l'inventaire des autres meubles, dont il
sera fait mention par un seul article,
dans la minute & dans la grosse de
l'inventaire général des autres effets,
qui sera fait par lesdits notaires. Défend à tous libraires de s'ingérer de
faire lesdites descriptions & prisées
autrement que dans la forme prescrite
ci-dessus, à peine de cinq cens livres

d'amende, & d'interdiction pendant six mois; enjoint aux syndic & adjoints d'y tenir la main, à peine d'en répondre en leur propre & privé nom : Leur ordonne en outre d'envoyer chaque année aux syndics des notaires & des huissiers-priseurs, la liste de ceux qui composent leur communauté, qui pourront seuls être appellez auxdites descriptions & prisées; sans préjudice néanmoins du jugement de l'instance qui est pendante au Conseil entre l'Université de Paris & la communauté des libraires : Et sera payé à chacun desdits libraires qui seront appellez, six livres par chacune vacation.

C X I V.

DÉFEND à toutes personnes, de telle qualité & condition qu'elles soient, autres que les libraires compris dans ledit tableau, de s'immiscer à faire aucune description ou prisée des bibliothèques & cabinets de livres, en quelque sorte & manière que ce soit, à peine de nullité desdites descriptions & prisées, & de cinq cens

livres d'amende, & aux huissiers-priseurs de procéder à la vente des livres
des personnes décédées, avant que la
prisée en ait été faite par les libraires,
à peine de nullité, d'interdiction &
de pareille amende ; comme aussi aux
notaires de recevoir aucunes prisées
faites par les huissiers ou autres personnes que les libraires dénommez
dans ledit tableau, à peine de sem-
blable amende.

C X V.

NE pourront les ventes volon-
taires des bibliothèques ou cabinets
de livres, sous quelque prétexte que
ce soit, être faites par aucun particulier, publiquement, par affiche &
en détail.

C X V I.

AVANT qu'il soit procédé à la
vente des bibliothèques ou cabinets
de livres qui auront appartenu à des
personnes décédées, les syndic &
adjoints seront appellez pour en faire
la visite, & en donneront leur certificat, sur lequel il sera obtenu une
permission du Lieutenant général de

police pour faire ladite vente. Seront tenus lesdits syndic & adjoints, lors de ladite visite, de mettre à part & de faire un catalogue des livres défendus ou imprimez sans permission, qu'ils remettront au Lieutenant général de police, pour être envoyé à M. le Garde des Sceaux; duquel catalogue ils laisseront aux parties intéressées un double signé d'eux, & se chargeront lesdites parties, desdits livres contenus audit catalogue. Défend à tous libraires de faire l'achat desdites bibliothèques, s'il ne leur est apparu de certificat des syndic & adjoints, pour justifier que la visite en aura été par eux faite, à peine de cinq cens livres d'amende & d'interdiction pendant six mois: Dispense néanmoins de la formalité de ladite visite, les bibliothèques ou cabinets de livres qui seront léguez ou donnez, si ce n'est que les legs ou donations en aient été faits à la charge de vente. Et sera le contenu au présent article exécuté, même dans les lieux privilégiez de la ville & fauxbourgs

de

de Paris, & du reſſort des juſtices
particulières & ſeigneuriales ; ſans
que ſous quelque prétexte que ce
ſoit, aucunes ventes de livres puiſſent
être faites par la permiſſion d'autres
juges que du Lieutenant général de
police.

C X V I I.

LADITE viſite ſera faite par deux
deſdits ſyndic & adjoints, à chacun
deſquels ſera payé ſix livres.

C X V I I I.

LES libraires qui auront acheté
en compagnie une bibliothèque ou
cabinet de livres, en feront tranſpor-
ter les livres ou manuſcrits après la
viſite ci-deſſus ordonnée, & incon-
tinent après l'achat, dans la chambre
de la communauté, pour faire entr'eux, & en la préſence deſdits ſyndic & adjoints, le partage deſdits livres, lequel tems de partage ne pourra excéder l'eſpace de huit jours,
quelque nombreuſe que ſoit la bibliothèque ; & pendant le cours dudit
tems il n'en ſera vendu aucun livre

fous quelque prétexte que ce foit.

C X I X.

LES libraires qui auront acheté en compagnie, des livres, ne pourront les faire tranfporter dans aucune maifon religieufe, aucun collège ni autres lieux prétendus privilégiez, ou ailleurs qu'en la chambre de ladite communauté, à l'effet dudit partage, & dans aucun autre lieu que dans leur maifon après ledit partage fait, à peine de confifcation & de quinze cens livres d'amende.

C X X.

POURRA néanmoins le libraire qui acheteera pour lui feul une bibliothèque ou cabinet de livres, en faire tranfporter les livres dans fa maifon, pour les y vendre, & non ailleurs, après qu'ils auront été vifitez par les fyndic & adjoints fur le lieu de la vente, avant que de les déplacer, conformément à l'article CXVI.

C X X I.

LES inventaires & prifées des fonds de librairie & des imprimeries, feront

faits en la manière accoûtumée, par
deux libraires ou imprimeurs ; &
ledit inventaire fera annexé par les
notaires à l'inventaire des autres meubles , ainſi qu'il eſt dit par l'article
CXIII. La vente deſdits fonds de
librairie , ainſi que des livres en blanc
ou reliez , vieux ou neufs , apparte-
nans aux libraires , ne pourra être
faite ailleurs qu'en la chambre de la
communauté , en préſence des ſyndic
& adjoints.

CXXII.

LA vente des imprimeries ou de
partie d'icelles ne pourra être faite
ſans la permiſſion du Lieutenant général de police , & qu'en la préſence
des ſyndic & adjoints, qui tiendront
un regiſtre de ladite vente, ſur lequel
les imprimeurs, auxquels ſeuls les
preſſes & caractères pourront être
vendus & adjugez, s'en chargeront,
à peine de confiſcation & d'amende
arbitraire contre les contrevenans.
Les imprimeurs qui vendront des
preſſes ou partie de leur imprimerie

E ij

à d'autres imprimeurs, feront tenus
feulement d'en faire la déclaration
fur le même regiftre, avant que le
tranfport en puiffe être fait, & feront
obligez d'en donner la préférence aux
imprimeurs de Paris, fous pareille
peine.

CXXIII.

AVENANT le décès d'un imprimeur, fans veuve ou fans enfans qui
aient qualité pour exercer l'imprimerie, les viffes des preffes de fon
imprimerie feront portées, à la diligence des fyndic & adjoints, en la
chambre de la communauté, pour y
être dépofées jufqu'à la vente de
ladite imprimerie.

VEUT Sa Majefté que le préfent
arrêt foit exécuté felon fa forme &
teneur, nonobftant tous règlemens
précédens à ce contraires, auxquels
Sa Majefté a dérogé & déroge en tant
que befoin; & fi aucunes oppofitions
ou empêchemens étoient formez au
préfent règlement, Sa Majefté s'en

réserve la connoissance & icelle interdit à toutes ses Cours & autres juges. Et seront pour l'exécution du présent règlement toutes lettres nécessaires expédiées. FAIT au Conseil d'état du Roy, Sa Majesté y étant, tenu à Versailles le vingt-huitième février mil sept cens vingt-trois.

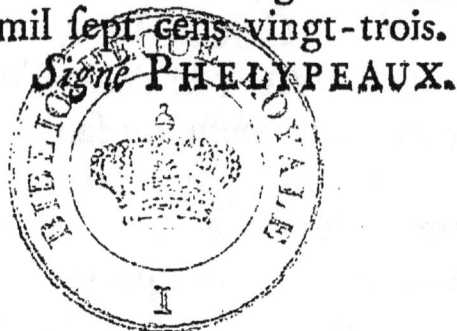

Signé PHELYPEAUX.